Jakob Lorber

Brief des Apostels Paulus an die Gemeinde in Laodizea

Jakob Lorber

Brief des Apostels Paulus an die Gemeinde in Laodizea

Originaltext in neuer Rechtschreibung

Project True-blue Jakob Lorbe

Bibliografische Information der Deutschen Nationalbibliothek

Die Deutsche Nationalbibliothek verzeichnet diese Publikation

in der Deutschen Nationalbibliografie, detaillierte bibliografische

Daten sind im Internet über http://dnb.dnb.de abrufbar

Herstellung und Verlag

BoD – Books on Demand, Norderstedt

ISBN 978-3-7460-7573-0

Vorwort

Der Brief des Apostel Paulus an die Gemeinde von Laodizea wird im Kolosserbrief (4, 16) erwähnt: „Und wenn der Brief bei euch gelesen ist, so sorgt dafür, dass er auch in der Gemeinde von Laodizea gelesen wird und dass ihr auch den von Laodizea lest." Jenen Brief an die Gemeinde von Laodizea aber sucht man im Neuen Testament vergeblich und er gilt als verloren.

Über den neuzeitlichen Propheten Jakob Lorber (1800-1864) wurden mehrere verlorene oder stark verfälschte Schriften neu offenbart, darunter auch, im Jahr 1844, der Brief an die Gemeinde von Laodizea. Der neu offenbarte Laodizenerbrief birgt zwar Themen der Neuoffenbarung Lorbers, hat jedoch eine eigentümliche Prägung, die an die Eigenart und Kraft des Apostel Paulus erinnert. Paulus habe einen Flammengeist, heißt es in der Neuoffenbarung, und der Laodizenerbrief ist tatsächlich feuriger Natur und eifert wider die Einführung von Dingen aus dem alten Heidentum und Judentum, die durch Jesus Christus überwunden wurden, wenn nicht gar von Ihm Selbst verworfen. Tempelbau, eine pharisäerhafte Priesterschaft, Kultgewänder und Zeremonien, Feiertage, Beschneidung und Reinheitsgebote werden von Paulus verworfen. Natürlich ist nachvollziehbar, dass die Heiden und Juden, die sich dem apostolischen Christentum zugewandt hatten, noch an diesen Dingen hingen.

Die Gemeinde von Laodizea wird auch in der Offenbarung des Johannes erwähnt. Dort heißt es unter anderem: „Du (der Engel der Gemeinde von Laodizea) sprichst: Ich bin reich und habe mehr als genug und brauche nichts, und weißt nicht, dass du elend und jämmerlich bist, arm, blind und bloß." (Off. 3, 17) Aus dem neu offenbarten

Laodizenerbrief wird solcher Tadel verständlich. Verständlich wird auch, wieso dieser Paulusbrief einst beiseite geschafft wurde. Im Rom der Macht, des Glanzes und der dreifachen Krone konnte man die paulinische Mahnrede nicht gebrauchen. „Laodizea" ist heute in der christlichen Welt überall zu finden.

Der Text dieser Ausgabe wurde anhand der Erstausgabe aus dem Jahr 1851 überprüft, originalgetreu restauriert und in die neue Rechtschreibung übertragen. Details dazu finden Sie im Anhang. Der Erlös des Buchverkaufs wird für die Neuauflage weiterer Lorberwerke in überprüfter und originalgetreu restaurierter Fassung verwendet. Wenn Sie mehr über dieses Projekt erfahren möchten, oder mithelfen wollen, besuchen Sie bitte die Website www.jakob-lorber.at

Wolfgang Burtscher

Erstes Kapitel

1. Paulus, ein Apostel Jesu Christi durch den Willen und durch die Gnade Gottes, und der Bruder Timotheus;

2. der heiligen Gemeinde von Laodizea und allen den gläubigen Brüdern in Jesu Christo in ihr, und den Weisen im Geist Gottes. Gnade sei mit euch, und der wahre Friede von Gott, unserem Vater, in dem Herrn Jesu Christo.

3. Wir danken und loben und preisen aber allzeit Gott, den Vater unseres Herrn Jesu Christi, und tragen große Sorge um euch, und beten allzeit für euch zu Gott!

4. Denn wir haben vernommen durch des Herrn Geist, und durch den Bruder Epaphras, und durch Nymphas, dass ihr in manchen Stücken abgefallen seid

5. und habt euch erwählt einen Bischof und eine Geistlichkeit, und wolltet machen aus Christo einen Götzen; und habt euch bestimmt ein Haus, einen Tag, und verbrämte Kleider

6. also, wie es war zum Teil unter den Heiden, und unter den Juden, da noch die Beschneidung des Fleisches galt vor Gott, die Er angeordnet hatte unter dem Vater Abraham zum Vorzeichen der lebendigen Beschneidung des Geistes durch Jesum Christum in euch.

7. Das aber lasse ich euch nun wissen, auf dass ihr erfahrt, welch einen Kampf ich nun zu leiden habe um euretwillen, die ihr gesehen und nicht gesehen habt das Fleisch meiner Person;

8. und auf dass ihr kräftig ermahnt werdet in eurem Herzen, und dann zusammennehmen möchtet eure Liebe, in welcher ist aller

Reichtum des gewissen Verstandes, um zu erkennen das große Geheimnis Gottes, des Vaters, in Seinem Sohne Jesu Christo;

9. in dem aber verborgen sind alle Schätze der Weisheit und der lebendigen Erkenntnis im Geiste.

10. Ich aber vermahne euch darum, auf dass euch niemand verführe durch vernünftige und geschmückte Reden, und durch die Philosophie der Heiden.

11. Denn Vernunft ist auch den Tieren eigen, wie die Philosophie den Heiden, welche den toten Götzen opfern!

12. Ihr aber seid erkauft durch den Tod des Einen zum ewigen Leben in Gott dem Vater; wie möget ihr da euer Herz, das da eine Wohnstätte des heiligen Geistes geworden ist, wieder dem Geist der Toten weihen?!

13. Bin ich auch nicht bei euch im Fleisch, so bin ich aber doch stets bei euch im Geist, durch die Macht Christi in mir, und sehe euren Glauben und eure Werke;

14. und will euch darum ernstlich vermahnen, und zeigen, wie so manche von euch lieben Brüdern in eine große Torheit verfallen sind; denn ihre Scheingründe kenne ich und weiß, was sie wollen.

15. Also aber sei es, dass ihr Jesum Christum halten sollt, wie ihr Ihn von mir überkommen und angenommen habt, und sollt also wandeln nach dem Evangelium, das ich euch getreu gepredigt habe,

16. und sollt im selben feste Wurzeln fassen, und fest sein im Glauben, also, wie ich es euch alle gelehrt habe aus dem Geist unseres Herrn Jesu Christi, des lebendigen Sohn Gottes, der da herrscht zur Rechten des Vaters von Ewigkeit.

17. Also aber, wie ihr nun werden wollt und es haben wollt, seid ihr Widersacher Christi und Seines Wortes!

18. Was wollt ihr denn? Möchtet ihr von neuem wieder Sklaven und hartgehaltene Knechte des Gesetzes und der Sünde und des Todes werden, von allem dem wir sind frei geworden durch Jesum Christum?

19. Hört mich an! Ich sage zu euch: Seht gar wohl zu, dass ihr nicht berückt und beraubt werdet durch eure Weltweisheit und durch die gar lose Lehre derjenigen unter euch, die da mehr fürchten die Römer und die blinden Juden als den Herrn der Herrlichkeit, der uns erlöset hat, und durch den wir und Himmel und Erde und alle Dinge gemacht worden sind!

20. Da ich aber unter euch war, da fragten mich eure Weltweisen, was Unterschiedes da sei zwischen Gott und Seinem Sohne Christus. – Ich aber nahm das Wort und sprach zu ihnen:

21. „Höret Brüder! Gott ist Einer, und Christus ist Einer; denn so es nur einen Gott gibt, so gibt es auch nur einen Christus. Was Unterschiedes sollte da sein zwischen Gott und Christus? – Gott ist die Liebe, und Christus ist die Weisheit in Gott, und das Licht, die Wahrheit, der Weg und das ewige Leben!

22. In Christo wohnt die ganze Fülle der Gottheit leibhaftig, und wir sind vollkommen in Ihm; denn Er ist der Grund und das Haupt aller Herrlichkeit, aller Macht und Kraft, aller Obrigkeit der Welt, und ist ein Fürst aller Fürstentümer der Erde."

23. So ich, Paulus, aber solches im Geist und in aller Wahrheit zu euch geredet habe, wie lasst ihr euch denn nun von Menschenlehre und Weltsatzungen betören?

24. Ihr seid beschnitten worden ohne Hand und Messer durch den heiligen Geist, indem ihr abgelegt habt euer sündiges Leben, welches war eine mächtige Wurzel in eures Leibes Fleisch; und das war eine wahre, lebendige Beschneidung in Christo!

25. Denn da seid ihr in eurem sündigen Fleisch mit Christo für die Welt begraben worden durch die Taufe mit dem heiligen Geist und seid dann wieder durch Christum neu auferstanden durch den lebendigen Glauben und durch die Liebe zu Ihm!

26. Was wollt ihr denn nun wieder mit der alten Beschneidung, die da aufgehört hat; was mit der Zeremonie, die nunmehr ist ohne Wert, weil Christus schon da war und auferstanden ist und wir in Ihm; was wollt ihr mit dem Sabbat, wenn Christus an jedem Tage gewirkt hat und noch wirkt und hat dadurch jeden Tag zu einem Tag des Herrn gemacht und hat am Sabbat nicht gefeiert?

27. Ich aber kenne euch, dass ich euch sage: Christus, wie Er ist, will arm sein in der Welt; aber ihr wollt Gold! Das ist es, darum ihr ein Bethaus, einen Feiertag und verbrämte Kleider wollt!

28. Ihr sagt, Gott habe durch Christum, Seinen Sohn, die Satzungen Mosis nirgends aufgehoben, sondern dieselben im letzten Abendmahl vielmehr bestätigt; also müsste denn auch eine Opferzeremonie sein.

29. Ich, Paulus, ein rechter, von Gott erwählter Apostel des Herrn, aber bin doch erfüllt vom Geist Gottes; wie kommt es denn, dass mir der Geist Gottes solches noch nie angezeigt hatte, indem ich doch vor meiner Berufung ein viel erpichterer Tempeldiener und Knecht war, denn ihr es je wärt?

30. Ich aber will euch nun sagen: Wie mich der Geist Gottes erweckt hatte, als ich nach Damaskus zog, zu verfolgen die junge Gemeinde Christi daselbst, so habe ich zuerst – in meiner Blindheit sogar – geschaut, dass der Herr im Geist und in der Wahrheit will verehrt und angebetet sein, aber ewig nimmer in einer Zeremonie!

31. Denn keinen hatte Gott zuvor blind gemacht, den Er berufen hatte zu Seinem Dienste; ich aber musste erblinden zuvor, auf dass ich verliere Alles ohnedem, was der Welt ist, bevor ich werden sollte einer Seiner geringsten Knechte nur!

32. Warum aber musste ich erblinden zuvor? Weil mein ganzes Wesen in der Materie des Tempeldienstes begraben war, und damit es darum von mir genommen ward.

33. So mich aber der Herr ohne Zeremonie, also in meiner Blindheit, berufen hatte, wie hätte ich da aus dem Abendmahl je eine Zeremonie machen sollen?

34. Oder ist es nicht also, wie mich allzeit lehrt der Geist Gottes? – Wer das Licht der Augen hat, der schaut die Zeremonien der Welt und erlustigt sich daran;

35. aber für den Blinden ist alle Welt mit ihrer Zeremonie vergangen und der alte Tempeldienst und alle die verbrämten Kleider!

36. Also ist es eine ewige Wahrheit, dass der Herr mich nicht berufen hatte für eine neue Errichtung der Zeremonie, sondern für die Aufrichtung der Herzen, um welche der Satan Jahrtausende seine harten Ketten geschmiedet hatte;

37. und zu predigen jedermann die Freiheit des Geistes, den Frieden der Seele, und damit zu zerreißen in Christo dem Herrn die alten, harten Bande des Todes!

38. Was aber nützt mir und euch meine Lehre, was das Evangelium Gottes, so ihr euch frei wieder in den alten Tod begeben wollt?

39. Ich aber bitte euch um eures ewigen Lebens willen: lasst ab von dem, was die alte Gefangenschaft zu Babel allen Juden als ein hartes Erbe hinterließ.

40. Seht, Babel, die große Hure der Welt, hat der Herr vernichtet; denn sie gab vielen Völkern den Tod! Was aber werdet ihr gewinnen, so ihr aus Laodizea ein neues Babel errichten wollt? Daher lasst ab von dem, was der Gräuel der Verwüstung von neuem herbeiführen möchte, wovon Daniel geweissagt hatte, da er stand an heiliger Stätte.

41. Christus aber hat euch lebendig gemacht, da ihr tot wart in euren Sünden und in eurer Vorhaut eures Fleisches, und hat euch nachgelassen alle Sünden, die ihr allzeit begangen habt in dem Tempel, wie in eurer Vorhaut.

42. Er vertilgte die blutige Handschrift, welche da war wider uns alle, die da entstanden ist durch weltliche Satzungen, und unsere Namen waren mit dieser Schrift eingetragen ins Buch der Welt, ins Buch des Gerichtes und ins Buch des Todes, indem Er sie ans Kreuz heftete!

43. Warum aber wollt ihr nun diese von Gott Selbst vertilgte, ans Kreuz des Gerichtes, der Schmach, des Fluches, des Todes geheftete Blutschrift wieder herabreissen und eure neuen Namen in Christo vertauschen für die alten, welche mit Blut geschrieben waren im Buch des Gerichtes?

44. O ihr blinden Toren aller Torheit! In Christo seid ihr frei geworden – und wollt nun wieder Sklaven und Knechte der Sünde, des Gerichtes und des Todes werden! Habt ihr denn nicht gehört, dass derjenige verflucht ist, der da ans Kreuz geheftet wird?!

45. Christus aber hat eure Schande, eure Schmach, eure Sünde, euer Gericht und euren Tod auf Sich genommen und ließ Sich für euch als ein Verfluchter ans Kreuz heften, um euch allen die volle Freiheit zu verschaffen vor Gott; und damit ihr in Ehren wandeln sollt, nahm Er alle eure Schande und Schmach mit ans Kreuz!

46. O was hat euch doch berückt, die ihr lebendig geworden seid in Christo, dass ihr nun wieder euch dem Tod von neuem ergeben wollt?!

47. Mit was soll ich euch denn vergleichen, das euch treffen möchte, wie ein guter Wurf die Zielscheibe? – Ja, ihr seid gleich einer brandigen Buhldirne, die da wohnt in einer Stadt und ist aber dennoch eines guten Hauses Tochter.

48. Hört mich an, und schreibt es euch hinter die Ohren! Was nützt der Buhldirne ihre gute Abkunft, so aber dennoch ihr Fleisch geiler ist als das Fett eines gemästeten Sündenbockes?

49. Wird sie nicht in ihrem Gemach vor Fleischbrand auf und ab rennen und wird bald bei einem, und bald wieder beim andern Fenster den halben Leib hinausstrecken und wird ihre buhllüsternen Augen nach allen Seiten herumschießen lassen, ob sie erblicken möchte den, der da hat, darnach ihr Fleisch geilt und brennt?!

50. Und wird sie ihn erblicken, so wird sie ihm zeigen durch die lose Glut ihrer Augen, was sie möchte, und wird in ihrer Begierde ums

Zehnfache mehr sündigen mit ihm als eine Hure im Bett der Schande mit ihrem Buhlen!

51. O seht, ihr Laodizener, das ist euer Bild! – Wisst ihr aber, was der redlich werben wollende Bräutigam solch einer Dirne tun wird, so er vor ihrem Haus vorbeiziehen wird und wird ansichtig ihrer schändlichen Geilerei?

52. Er wird sie sofort tun aus seinem Herzen und aus seinem Munde und wird sie hinfort nicht mehr ansehen, und so sie auch gelangen möchte in die größte Not!

53. Desgleichen wird euch auch der Herr tun; denn Er hat euch einen neuen, lebendigen Tempel errichtet in euren Herzen, allda ihr Seiner harren sollt; ihr aber verschmäht den Tempel, dieses heilige Gemach, und rennt aus lauter weltlicher Geilheit an die Fenster des Gerichtes und wollt da geilen mit der Welt, des Goldes wegen, des Ansehens und der Herrschsucht wegen, da ihr nach allem dem lüstern seid!

54. Ich aber sage euch: Der Herr wird Sich zurückziehen und wird euch in alle Hurerei übergehen lassen, ins alte Gericht und in den alten Tod, so ihr nicht sofort umkehrt und gänzlich ablasst von eurer selbstgewählten Geistlichkeit, von eurem Tempel, von eurem Feiertag und von euren verbrämten Kleidern; denn dies alles ist vor dem Herrn ein Gräuel gleich einer brandigen Buhldirne, die da in ihrem Herzen ärger ist denn zehn Huren Babels.

Zweites Kapitel

1. Lasst euch daher von niemandem mehr ein Gewissen machen, weder durch einen unberufenen Bischof und Priester, noch durch einen Feiertag, noch durch den alten Sabbat und Neumond,

2. noch durch einen Tempel, noch durch eine opferliche Zeremonie und verbrämte Kleider und ebensowenig durch Speise und Trank.

3. Im Essen und Trinken seid mäßig; das ist gut für Geist, Seele und Leib und ist dem Herrn angenehm;

4. aber so jemand sagt und lehrt und begehrt: „Diese und jene Speise darf nicht gegessen werden, da sie unrein ist nach Mosis;

5. da sage ich dann entgegen: Moses und die Propheten sind in Christo erfüllt und befreit worden; uns aber hat der Herr keine Speise verboten, indem Er Selbst aß und trank mit Sündern und Zöllnern

6. und hat ausgerufen: „Was du isst, verunreinigt dich nicht; aber was da kommt aus deinem Herzen, als arge Reden, arge Begierden, Geiz, Neid, Totschlag, Zorn, Fraß und Völlerei, Hurerei, Ehebruch und dergleichen, das ist es, was da allzeit verunreinigt den Menschen!"

7. Da wir aber solch ein Evangelium haben von Ihm, dem alleinigen Herrn aller Herrlichkeit Selbst, wie große Toren müssten wir da sein, so wir uns freiwillig wieder ins alte, harte Joch sollen spannen lassen?!

8. Was soll nunmehr der Schatten, der von Moses aus wohl eine weissagende Vorbedeutung hatte auf das, was geschehen ist vor unseren Augen, für uns, die wir mit Christo und in Christo zu einem Körper geworden sind?

9. Ich aber bitte und beschwöre euch sogar, lasst euch von niemandem das Ziel vorsetzen, der da nach eigenmächtiger Wahl einhergeht in aller Demut und völliger Geistigkeit der Engel des Himmels, davon er aber nie etwas gesehen und gehört hatte; ist aber darum in seiner Sache aufgeblasen in seinem fleischlichen Sinn nur

10. und hält sich nicht an das Haupt, aus dem der ganze Leib durch die Glieder, Gelenke und Fugen Tatkraft überkommt, einander gegenseitig enthält und fasst und wächst also dann zu einer göttlichen Größe,

11. sondern nur an seinen Sinn, welcher in sich voll Schmutz und Unflat, voll Eigennutz, voll Trug und Lüge, voll Herrschsucht, voll Geiz und voll Neid ist.

12. Also aber steht es gerade mit dem, der sich bei euch aufwerfen will, als wäre er berufen vom Herrn und von mir und darnach erwählt von euch!

13. Ich aber sage hier zu euch allen: Dieser hat den Geist des Teufels in sich und geht unter euch herum wie ein Wolf im Schafspelz und wie ein hungriger, brüllender Löwe, der euch zu verschlingen auf das Eifrigste bemüht ist!

14. Darum treibt ihn alsbald von seinem Platz, und kehrt euch wieder an den Nymphas, dessen ganzes Haus da ist eine rechte Gemeinde Christi.

15. Denn ihr alle seid ja abgestorben für die Welt und ihre Satzungen mit Christo; aus welchem Grund möchtet ihr euch denn nun wieder fangen lassen von Satzungen der Welt, als lebtet ihr noch in ihr?

16. Das Haus meines lieben Bruders Nymphas aber ist geblieben getreu in seiner Freiheit, wie ich sie ihm gegeben habe durch Christum, dem Herrn von Ewigkeit.

17. Nymphas hat den Wolf erkannt, wie ich ihn erkannt habe durch den Geist Gottes, der in mir ist und mich allzeit treibt, zieht und lehrt in den verschiedenen Dingen der einzig gerechten Weisheit vor Gott, wie desgleichen auch den Bruder Nymphas.

18. Darum vermahne ich euch denn auch mit der Kraft alles gerechten Eifers in Christo dem Herrn, dass ihr ja hingeht zum Nymphas und wieder eine Gemeinde werdet mit seinem Haus

19. und horcht nicht auf die, die da mit heuchlerisch-frommer Miene sagen: „Rühre das nicht an, und koste dies nicht, und greife das nicht an, und tue dieses und jenes nicht!", – welches alles sich allzeit verzehrt unter den Händen und an sich nichts ist als eine leere Menschensatzung;

20. sondern hört, das ich euch sage aus dem Geist Christi, der in mir ist, auf dass ihr wieder frei werden möchtet und werden zu wahrhaftigen Miterben Jesu Christi am Reich Gottes lebendig in euch.

21. O Brüder! Denkt, was wollen euch die wohl nützen, die da haben den Schein der Weisheit und eine durch sich selbst gewählte heuchlerische und gleisnerische Geistigkeit und Demut,

22. und die da sagen: „So du ansiehst ein Weib, so hast du schon gesündigt; so du isst unreine, von Moses versagte Speise, so bist du unrein auf den ganzen Tag; und so du anrührst einen Heiden und sprichst mit ihm mehr denn drei Worte, so musst du solches dem Priester des Tempels kund tun, auf dass er dich reinige vor Gott?!"

23. An sich aber sind sie voll Unflat und voll Geiz und Hurerei und treiben geheimen Handel mit allen Heiden und bieten alles auf, dass sie sich mit ihnen ja nicht die geheime Freundschaft verderben möchten!

24. Ich aber sage: Der Leib braucht das Seinige wie der Geist; denn er hat ja sein Bedürfnis und seine Notdurft. Daher sollt ihr ihm auch geben im gerechten Maß, was da Gott für ihn bestimmt hat, und sollt genießen, was da auf den Markt gebracht wird; denn der Leib braucht seine Pflege, wie der Geist seine Freiheit. Darum seid frei und nicht Sklaven der blinden Toren der Welt!

25. Was Rühmliches aber mag da wohl jemand von sich sagen, so er gefastet hat in seinem Magen, aber sein Herz voll angeschoppt (angefüllt d. Ed.) hatte von allerlei argen Gedanken, Wünschen und Begierden?!

26. Wäre es denn nicht um vieles klüger, zu fasten im Herzen denn im Magen? Wie mögt ihr wohl so große Toren sein und euch weismachen lassen, dem Herrn sei angenehmer, so jemand isst einen Fisch in Öl gelegt, als so er isst ein anderes Fleisch von einem warmblütigen Tier und dessen Fett statt des Öls?

27. Ich aber sage euch: Esst mit Maß und Ziel allzeit, das euch schmeckt und wohltut eures Leibes Gesundheit, und trinkt Wein mit Wasser, wie auch ich es tue, so ich es nur haben kann, und macht euch kein Gewissen daraus, so werdet ihr recht handeln auch in diesem Stück!

28. Denn der Herr hat keine Freude am Fasten des Magens; wohl aber an dem des Herzens; im Herzen aber fastet Tag und Nacht, so werdet ihr fasten im Geist und in der Wahrheit.

29. Wie aber ihr fasten möchtet nach der gleisnerischen Lehre dessen, der vor euch tut, als wäre er nur mehr mit einem Fuß auf der Erde, alles andere aber schon im Himmel, also fasten auch alle Heiden, die da essen an ihren Fasttagen die feinsten Leckereien und sind dann geiler darauf denn an einem Gemeintag, da sie ihre tägliche Kost haben.

30. Da ihr aber nun mit Christo auferstanden seid, was kümmert euch denn, was da unten auf der Welt ist, und was sucht ihr den Satzungen der Welt zu genügen, die da ein Werk der Menschen sind?

31. Sucht, was droben ist, da Christus sitzt zur Rechten des Vaters, – das wird sich besser ziemen für euch denn all die gänzlich wertlosen Torheiten der Welt!

32. Seid ihr erweckt worden im Geist und auferstanden mit Christo, da seid ihr ja von oben, aber nicht von unten her; also sucht denn auch, was droben, aber nicht, was da unten auf der Erde ist!

33. Denn ihr seid gestorben der Welt, und euer Leben ist verborgen mit Christo in Gott!

34. Wenn aber Christus, der nun euer Leben ist, Sich offenbaren wird, dann werdet auch ihr offenbar werden mit Ihm in der Herrlichkeit!

35. Tötet daher von neuem eure Welt, die in vielen Gliedern auf der Erde ist, wie eures Leibes Glieder, und ihr mit ihnen getrieben habt und nun wieder treiben möchtet Hurerei, Unlauterkeit, schändliche Brunst, böse Lust, Habsucht, Neid und Geiz; in allem dem aber da allzeit besteht die wahrhaftige Abgötterei der Heiden.

36. Und meidet vor allem die Lüge, denn sie ist der nächste Abkömmling des Satans! Zieht den alten Menschen aus und den neuen in

Christo an, der da erneuert wird zur Erkenntnis Dessen, und das nach Des Ebenmaß, der ihn erschaffen hat.

Drittes Kapitel

1. Ich aber sagte: „Meidet die Lüge, welche ist der nächste Abkömmling des Satans!", weil ihr nun – wie ich es durch Nymphas erfahren habe und gleichermaßen durch den Geist Christi in mir erfahre – in die Menschensatzung zum großen Teil übergegangen seid.

2. Was ist der Tempel denn anderes denn eine Menschensatzung, ein totes Werk von Menschenhand, also ein eitles Traumwerk, das da auf allzeit vergeht, sobald das Auge vom Schlaf erwacht?

3. Da er aber das ist, so ist er eine Lüge, in die ihr euch begebt, um euch selbst zu belügen und zu betrügen, da ihr meint, dass ihr darin Gott die Ehre gäbt; und Gott Selbst belügt ihr, so ihr meint, dass ihr Ihm dadurch einen gar wichtigen Opferdienst erweist!

4. Ihr Törichten! Welchen Dienst wollt ihr denn tun dem Allmächtigen, der Himmel und Erde schon zuvor gegründet hatte, als ihr noch von Ihm erschaffen wurdet? Was habt ihr wohl, das ihr nicht zuvor empfangen hättet; so ihr es aber empfangen habt, was tut ihr denn, als so ihr es nicht empfangen hättet?

5. Wollt ihr mit dem etwa dem Herrn einen angenehmen Dienst erweisen, so ihr Ihn in einem Tempel, von Menschenhand erbaut, anbetet durch Zeremonie und Rauchwerk und durch tote Gebete auf langen oder breiten Streifen?

6. O seht, wie sehr hat euch ein Apostel des Satans berückt! Ist Christus doch, in dem die Fülle der Gottheit wohnt, leibhaftig im Tempel zum Tod verurteilt worden – und hat ehedem Selbst von seinem völligen Untergang geweissagt!

7. Wie möchte Er an dem nunmehr ein Wohlgefallen haben, vor dem Er alle Seine Jünger, wie im Geiste auch mich, gar sehr gewarnt hatte, indem Er sprach: „Hütet euch vor dem Sauerteig der Pharisäer und Hohenpriester!" Und ihr wollt nun das alte Richthaus, das vor Gott ein Gräuel geworden ist, zu einer Wohnstätte des Herrn errichten, auf dass ihr Ihn vielfach töten möchtet daselbst?!

8. Wie blind doch und wie sehr in die Welt übergegangen müsst ihr sein, dass euch solches nicht auf den ersten Blick auffallen mochte?!

9. Ist's denn nicht genug, dass Christus einmal für alle gestorben ist und wir alle nun mit Ihm, auf dass wir auferstanden sind noch in unserem Fleisch mit Ihm zur wahren Erkenntnis Seines Geistes, der in uns ist, und zur Erkenntnis des Vaters, der uns eher schon geliebt hatte, als die Welt war?

10. Wie oft wohl möchtet ihr Christum noch töten, Ihn, den allein ewig Lebendigen, der uns alle einmal erweckt hatte vom Tod zum ewigen Leben durch Seine herrliche Auferstehung?

11. Ich, Paulus, aber sage euch: Geht hin und zerstört den Tempel, löscht den bezeichneten Feiertag aus den Kalendern, setzt den falschen Bischof und seine Knechte ab, die sich gleich denen von Jerusalem von eurer Hände Arbeit mästen wollen und haben sich einen großen ehernen Kasten machen lassen, der euer erspartes Gold und Silber aufnehmen soll,

12. und verbrennt die verbrämten Kleider, die nun vor Gott ein Gräuel sind, – so werdet ihr dem Herrn schon dadurch einen bei weitem angenehmeren Dienst erweisen, als so ihr euch tausend Jahre lang möchtet in einem solchen Tempel ertöten lassen!

13. Wollt ihr aber durchaus ein Gott wohlgefälliges Haus in eurer Mitte, da erbaut ein Hospital für Kranke, Lahme, für Bresthafte, für Krüppel, für Blinde und Stumme, und ein Haus für arme Witwen und Waisen, und ein Haus für fremde Verunglückte, ohne Ausnahme, wer sie immer sein mögen!

14. Diese nehmt freudig und mitleidig auf, und teilt allen euren Segen mit ihnen, wie es unser Herr Jesus Christus uns zweimal getan hatte, da Er mit Seiner Segensfülle gesättigt hatte Tausende von Hungrigen; da werdet ihr Ihm, dem allein Heiligen, einen wahren wohlgefälligen Dienst tun zu eurer Heiligung.

15. Denn da hatte Er Selbst dafür geredet, indem Er sprach: „Was ihr aber tut dem Geringsten aus diesen Armen, das habt ihr Mir getan!"

16. So Er Sich aber zum öfteren Mal klarst darüber ausgesprochen hatte, was Ihm da sei ein angenehmster Dienst, wie wollt ihr denn dann solch einen, der Ihm ein Gräuel, ein Ekelgeruch und Pestilenz ist?!

17. Ein Herz voll Liebe aber ist der Gott, dem Herrn in Christo, allein wohlgefällige lebendige Tempel und ist Ihm lieber denn eine Welt voll salomonischer, die alle tot sind, während das Herz lebendig ist und kann Gott und alle Brüder lieben! Also erbaut von neuem diesen Tempel in euch geistlich, und opfert allzeit im selben dem Herrn lebendig.

18. Nicht der Tempel, nicht die Zeremonie, nicht der Priester und nicht der Bischof, auch nicht der Paulus und seine Jünger; nicht der Jude, nicht der Grieche, noch der Juden Beschneidung und die Vorhaut, noch der Tempel Salomos; also auch nicht der Ungrieche, der Skythe, der Heide, der Freie, der Knecht; noch der Sabbat, noch der Neumond, und das Jubeljahr ist etwas vor Gott, sondern allein Christus ist alles in allem!

19. Also zieht denn allein Christum an als die Auserwählten Gottes, als Seine Heiligen und Seine Geliebten, durch den lebendigen Glauben, durch die Liebe, durch herzliches Erbarmen über eure Brüder, durch Freundschaft, Freundlichkeit, Demut, Sanftmut und alle Geduld!

20. In allem dem vertrage einer den andern, und vergebt euch gegenseitig von Herzen, das da irgendeiner hat wider den andern, und so werde auch ich euch vergeben und der Herr, wie ihr euch vergebt!

21. Führt nicht Klagen gegeneinander gleich den Heiden, welche da haben ihre eigenen Klagegerichte, sondern seid verträglich und gegenseitig duldsam, und macht eure Sachen im Herzen aus, so werdet ihr vor dem Herrn besser tun, als so ihr alle Satzungen Mosis, die schwer zu merken und noch schwerer zu beobachten sind, auf das gewissenhafteste beobachten möchtet; denn an den Satzungen Mosis hat der Herr kein Wohlgefallen, sondern allein nur an einem reinen Herzen, das Gott und die Brüder wahrhaftig liebt.

22. Und so denn zieht vor allem an die Liebe; denn sie allein gilt vor dem Herrn und ist das allein vollrechtliche Band aller Vollendung und aller Vollkommenheit!

23. In der Liebe und durch die Liebe regiere der wahre, vollkommene Friede Gottes in euren Herzen, in und zu welchem Frieden ihr auch allein alle berufen seid in einem Leib in Christo dem Herrn; und so ihr Ihm dankt, da dankt ihr Ihm darum allzeit und ewig im Geist und in der Wahrheit,

24. aber nicht in einem toten Tempel, der da nichts ist vor Gott, dem Herrn und Geber des Lebens, der da allein sieht auf das Herz und auf dessen Frieden.

25. Lasst das lebendige Wort Christi reichlich unter euch wohnen in aller Liebe und wahrer, vollkommener Weisheit aus ihr! Lehrt und vermahnt und erbaut euch gegenseitig mit allerlei herrlichen geistigen Dingen und Betrachtungen,

26. mit Psalmen der Liebe und anderen Lobgesängen und geistlichen lieblichen Liedern; aber singt im Herzen und macht nicht ein leeres Geplärr mit dem Munde, so werdet ihr dem Herrn angenehmer sein, als da ist das eitle Geplärr der Pharisäer, Juden und Heiden, die da ihren Lippen viel zu schaffen machen des Goldes wegen, aber ihre Herzen sind dabei kälter denn Eis!

27. Alles aber, was immer ihr tut – sei es mit Worten oder Werken –, das tut im Namen unseres Herrn Jesu Christi, und dankt für alles Gott dem Vater durch Ihn; denn Er ist der Vermittler zwischen Gott und uns, in Seinem Herzen wohnt die Fülle des Vaters!

28. Hört aber auch, ihr Weiber zu Laodizea: Also will es der Herr, unser Gott von Ewigkeit, dass ihr vollkommen untertan sein sollt euren Männern in Christo dem Herrn; denn im Mann habt ihr das Haupt Christi.

29. Ihr Männer aber liebt eure Weiber gerechten Maßes und seid nicht hart gegen sie; aber treibt es mit der Liebe eurer Weiber nicht zu bunt, dass ihr darob des Herrn vergessen könntet, – denn die Liebe zum Herrn muss ledig sein, also als hättet ihr kein Weib.

30. Und ihr Kinder seid vollkommen gehorsam euren Eltern in allen Dingen, die nicht wider Christum sind; denn das ist Sein Wille und ist Ihm angenehm.

31. Ihr Eltern aber macht nicht bitter die Gemüter eurer Kinder durch harte Worte und Misshandlungen, auf dass sie nicht scheu werden vor euch und möchten dann zu feigen Kriechern und Heuchlern werden; denn einen offenbaren Trotzkopf könnt ihr durch Liebe geschmeidig machen, – aber ein Heuchler und Schmeichler ist unverbesserlich.

32. Also sage ich auch euch Knechten und Dienern eurer Herren: Seid ihnen gehorsam in allen Dingen, die nicht wider Christum sind, – aber nicht mit alleinigem Augendienst, um dadurch euren Herren zu gefallen, sondern in wahrer Einfalt eures Herzens und in stetiger Gottesfurcht.

33. Alles aber, was ihr verrichtet euren Herren, das verrichtet also, als dientet ihr Christo dem Herrn in aller Treue eures Herzens – aber nicht, als dientet ihr den Menschen –, so werdet ihr auch einst von Ihm den Lohn der Herrlichkeit überkommen.

34. Wer aus euch aber Unrecht verübt an seiner Herrschaft, der tut es auch gleichermaßen an dem Herrn; der Herr aber sieht nicht darauf, ob jemand ist Herr oder Knecht, sondern allein auf das Werk und auf des Werkes Grund!

35. Wer daher Unrecht tut, dem wird auch der Herr geben dereinst den gebührenden Lohn. Ihr möget wohl die Menschen täuschen, aber der Herr lässt Sich nicht täuschen; denn vor Ihm liegen allzeit offen eure Herzen.

36. Euch dienstgebenden Herren aber sage ich auch, dass ihr wohl bedenkt, dass die Knechte und Diener auch eure Brüder sind vor dem Herrn; daher erweist ihnen allzeit, was da recht ist vor Gott; gebt ihnen den gebührenden Lohn zur rechten Zeit mit Liebe in Christo, und

bedenkt, dass wir alle einen Herrn haben im Himmel, und dieser ist Christus, der Heilige Gottes von Ewigkeit!

37. Weicht nicht ab vom Gebet, und betet mit Danksagung ohne Unterlass, – aber nicht mit den Lippen, sondern im Geist und in der Wahrheit mit aller Einfalt eures Herzens und in der wahrhaftigen Andacht in der Liebe zu Christo dem Herrn!

38. Betet aber auch zugleich für mich, auf dass der Herr mir allzeit die Tür des lebendigen Wortes auftun möchte und ich allzeit reden möchte vor euch und vor allen Brüdern in Christo Sein großes Geheimnis und das Seines Reiches; denn auch ich bin noch an die Welt gebunden und bin ein ganz gemeiner Mensch, der nur dann weissagen mag, wann ihm der Herr die Tür seiner Gnade auftut.

39. Einfältig und weise sei euer Wandel vor und gegen jedermann, – auch gegen die, welche draußen sind, gegen Juden und Heiden; ihr sollt niemanden richten – sei er ein Skythe, Heide, Jude, Grieche oder Ungrieche –, sondern schickt euch weise nach Zeit und Umständen.

40. Eure Rede sei allzeit mit Liebe gewürzt gegen jedermann und sei voll Salz der wahren Weisheit aus Gott; aus dieser Weisheit sollt ihr allzeit nehmen, das ihr redet mit jemandem, auf dass er erfahre, wie verschieden die göttliche Weisheit ist von der Weisheit der Weltweisen.

41. Ich, Paulus, aber meine nun, dass ich nichts unterlassen habe, euch zu zeigen, das da ist unter euch, und wie es ist ein giftig Unkraut, ja ein schädlichster Giftbaum, dessen Hauch alles Leben erstickt; und so habe ich nichts mehr wider euch!

42. Das aber, liebe Brüder, sei allzeit eine wahre Zeremonie unter euch, dass ihr im Geist und in der Wahrheit Gott, dem Vater in dem

Sohn, dadurch die Ehre gebt, dass ihr Ihn allzeit liebt über alles in Seinem Sohn, der für uns alle aus Liebe am Kreuz gestorben ist, um uns zu bringen die Kindschaft wieder, die unsere Väter von Adam her allzeit verwirkt haben.

43. Ich aber bitte euch um Gottes willen, dass ihr würdige Früchte einer vollen Umkehr von eurem neuen Heidentum in die lebendige Kirche Gottes bringt, welche in euch, aber nicht in den Tempeln, Gewändern und in irgendeiner Zeremonie wohnt.

44. Die Liebe Gottes und die Gnade unseres Herrn Jesu Christi sei mit euch allzeit und ewig.

45. Wie es aber um mich steht in Rom, das wird euch kundtun der getreue Bruder Tychikus, den ich nun sende zu euch, wie zu den Kolossern, die da gleichermaßen wie ihr sich vom Satan möchten berücken lassen!

46. Grüßt mir alle lieben Brüder und den Nymphas und seines Hauses getreue Gemeinde; denn ich gebe ihm Zeugnis, dass er gerecht ist und allzeit wie ich zu Gott betet euretwillen.

47. Grüßt auch die zu Kolossä, so ihr zu ihnen kommt; denn es sind einige unter ihnen, die ihr kennt, die da allzeit gerecht sind und getreu in dem Glauben und in der Liebe zu Gott.

48. Wenn aber die Kolosser werden ihren Brief gelesen haben, dann lest auch ihr ihn, so wie ich euch um des Herrn willen bitte, dass ihr diesen Brief eben auch die Kolosser lesen sollt lassen!

49. Denn er tut ihnen so not wie euch. Schließlich aber vermahne ich euch hier schriftlich – wie euch allen auch solches mündlich kundtun

wird Tychikus –, dass dieser Brief in allen Gemeinden soll gelesen werden, wie der an die Kolosser.

50. Meinen Gruß mit meiner eigenen Hand: Gedenkt meiner Liebe! Die Gnade unseres Herrn Jesu Christi sei mit euch!

51. Geschrieben von Rom durch Tychikus und dessen Gefährten Onesimus, die da beide gesandt sind zu euch und sind gesandt zu den Kolossern.

Über diese Edition

Der Text dieser Edition entspricht dem der Erstausgabe von 1851. Angepasst wurde lediglich die Rechtschreibung.

Bei der Überprüfung des Textes wurden folgende inhaltliche Unterschiede zur 6. Auflage (1980) des Lorber Verlages festgestellt:

[1.32] Weil mein ganzes Wesen in der Materie des Tempeldienstes begraben war, und damit es darum von ihr [Erstausgabe: mir] genommen ward.

[2.29] Wie aber ihr fasten möchtet nach der gleisnerischen Lehre dessen, der vor euch tut, als wäre er nur mehr mit einem Fuße auf der Erde, alles andere aber schon im Himmel, also fasten auch alle Heiden, die da essen an ihren Festtagen [Erstausgabe: Fasttagen] die feinsten Leckereien und sind dann geiler darauf denn an einem Gemeintage, da sie ihre tägliche Kost haben.

[3.2-3] Was ist der Tempel denn anderes, denn eine Menschensatzung, ein totes Werk von Menschenhand, also ein eitles Traumwerk, das da auch [Erstausgabe: auf] allezeit vergeht, sobald das Auge vom Schlafe erwacht? Da es [Erstausgabe: er] aber das ist, so ist es [Erstausgabe: er] eine Lüge, in die ihr euch begebet, um euch selbst zu belügen und zu betrügen, da ihr meinet, daß ihr darin Gott die Ehre gäbet; und Gott Selbst belüget ihr, so ihr meinet, daß ihr Ihm dadurch einen gar wichtigen Opferdienst erweiset!

[3.18] Nicht der Tempel, nicht die Zeremonie, nicht der Priester und nicht der Bischof, auch nicht der Paulus und seine Jünger; nicht der Jude, nicht der Grieche, noch der Juden Beschneidung und die Vorhaut, noch der Tempel Salomos; also auch nicht der Urgrieche [Erstausgabe:

Ungrieche (Nichtgrieche, wird in Vers 39 desselben Kapitels nochmals verwendet im Sinne von Nichtgrieche)], der Skythe, der Heide, der Freie, der Knecht; noch der Sabbat, noch der Neumond, noch das Jubeljahr ist etwas vor Gott, sondern allein Christus ist alles in allem!

[3.40] Eure Rede sei allezeit mit Liebe gewürzt gegen jedermann und sei voll Salz der wahren Weisheit aus Gott; aus dieser Weisheit sollet ihr allezeit nehmen, was ihr redet mit jemandem, auf daß er erfahre, wie verschieden die göttliche Weisheit ist von dem Wissen [Erstausgabe: der Weisheit] der Weltweisen.

[3.42] Das aber, liebe Brüder, sei allezeit eine wahre Zeremonie unter euch, daß ihr im Geiste und in der Wahrheit Gott, dem Vater in dem Sohne, dadurch die Ehre gebet, daß ihr Ihn allezeit liebet über alles in Seinem Sohne, der für uns alle aus Liebe am Kreuz gestorben ist, um uns zu bringen die Kindschaft wieder, die unsere Väter von Adam her allesamt [Erstausgabe: allezeit] verwirket haben.

Den Originaltext der Erstausgabe in ursprünglicher Rechtschreibung finden Sie unter www.jakob-lorber.cc